10 Things Pope Francis Wants You to Know About the Family
by Joshua J. McElwee

This 2019 Edition is published by Daughters of St. Paul
under arrangement with Liguori Publications,
Liguori, Missouri, USA. www.liguori.org.

Japanese translation published by arrangement with
Liguori Publications, Liguori, Missouri
through Tuttle-Mori Agency, Inc., Tokyo

教皇フランシスコが
家庭について
あなたに知ってほしい10のこと

もくじ

はじめに

教皇フランシスコは、ローマ・カトリック教会の指導者になるとすぐに、世界中の数多くの家族が直面している困難な状況に着目し、それに力を注いできました。

バチカンの住まい、聖マルタの家で行う日々のミサ説教では多く、家庭をテーマに話してきました。また、二〇一四年と二〇一五年の一般謁見演説では、家庭生活を取り巻く問題に関する連続講話を行いました。実に、この執筆の時点では、演説などを併せると、おそらくこのテーマに関する教皇フランシスコの文書はもっとも広範囲に及ぶものになるでしょう。少なくとも、後に集大成されて「体の神学」として知られるようになった、教皇ヨハネ・パウロ二世の連続講話以来のことです。

難解な神学用語をしばしば用いる教皇ベネディクト十六世とは違い、フランシスコは家庭生活について、家族それぞれの異なる役割を目立たせるユーモラスな逸話もときおり交えて、自身の両親や祖父母や弟妹についての個人的な話をしながら、自分の幼少期に受けたしつけにも言及しています。

二〇一三年三月十九日の教皇就任ミサの説教で、家庭への献身について示唆を与え、この日が祝日である聖ヨセフの務めと教皇としての自らの務めとの間に特別な関わりがあることを述べました。また、教皇の権能の限界を認めたり、その権能と奉仕とを完全に結びつけたり、聖ヨセフのように、自らが導いていく人たちの、すなわち家庭の守護者である点に注目しながら、教皇制について大まかに説明しました。

教皇の役割をざっと説明してからフランシスコは、「真の権能は奉仕だ、ということをけっして忘れないようにしましょう」と言っています。そして、教皇というものは、「聖ヨセフのように、謙虚で具体的かつ忠実な奉仕をしなければなりません。そして聖ヨセフと同じように、手を広げて神の民全体を守り、愛と優しさをもって全人類を受け入れねばなりません。特にもっとも貧しい人、弱い人、小さい人を迎え入れなければなりません。愛をもって奉仕する者だけが守れるのです」と続けています。

そのあと、数か月から数年のあいだに、フランシスコは全人類の必要について語りながら、就任ミサの説教で語った抱負をそのまま実行することに何よりも打ち込んできたようです。社会の「基本的な細胞」と名づけた家庭、その家庭の重要性を呼びかけることをたびたび説教の内容としてきました。

こうした考え全体の中心に聖家族の模範があります。二〇一四年十二月に家庭生活についての一般謁見演説の連続講話を始めたとき、詳しく聖家族について話しています。「ナザレの聖家族は、すべての家庭およびそれぞれの家庭の召命と使命を再発見することをわたしたちに求めています。……憎むことではなく愛することが普通であるように、無関心でいたり敵対したりせず助け合いが当たり前になるようにと、促しています。」「来てくださるイエスの場を作り、家庭の中におられるイエス――子ども、夫、妻、祖父母のうちにおられるイエスを迎えることが、家庭の大きな使命です。……イエスはそこにいらっしゃいます。イエスをそこで迎え入れてください。なぜなら、イエスは家庭で霊的に成長なさるからです。」

本書では、家庭について、また全世界の家庭の召命の果たし方やイエスの受け入れ方について、フランシスコがわたしたちに知ってほしいと述べている10のことを、自由に探求していくやり方で取りあげました。教皇就任以降になされた家庭をテーマとするさまざまな発言、省察、説教をとおして、その10の提案をたどっていきます。

提案1からは、解説や分析をほとんど加えず、教皇がわたしたちに語ったことをそのまま紹介していきます。家庭での各人の役割、祖父母から母、父、子どもたちに至るまでの役割の重要性が強調され、世界中の家庭を再活性化させるために教会の果たせる役割についての洞察が分かち合われています。

他の何よりもトレードマークとなっている喜びとユーモアを込めてフランシスコは話してくれ、わたしたちは楽しく笑いながら学んでいけるでしょう。

1,

「ありきたりのやり方に逆らおう」

教皇フランシスコは世界中のカトリック信者たちに、家庭生活が危機にあることを認めるようにと、いろいろな方法で挑戦しています。

今のところ教皇として重要な点は、家庭について世界各地で行う演説や説教によって、また、この問題について世界代表司教会議（シノドス）を二年連続して招集することによって、その危機に立ち向かう努力をすることです。

それどころか、シノドスとして知られるこの二つの会議は明らかに神によって招集されたと考えている、と教皇は言いました。神は、世界のいろいろな地域で家庭が直面し、奮闘している種々の困難について、全教会が真剣な話し合いをすることを望んでおられるのだ、と。

二〇一五年三月にメキシコのテレビのニュース番組 Noticieros Televisa のインタビューではこう語っています。「結局、シノドスを望まれたのは主であると気づきました。家庭が危機に見舞われているからです。おそらく、その危機は最も古くからあるものではなく、家庭の土台がさらされるほどの危機です。」

他のときにも、教会や家庭が危機に瀕している多くの事柄を教皇は確認しています。その中には、きちんと結婚準備をしているカトリック信者のカップルの労苦から、結婚前に同棲する男女に「同伴」する方法や最初の結婚に失敗して新しくいっしょになった人たちへの司牧方法について学ぶことまでであります。

また、ひどい貧困状態で苦しんでいたり、世界中にある多くの武力紛争の苦難に耐えていたりするたくさんの家庭について、教皇は世界に向けて非常に熱心に語っています。二〇一五年六月三日のバチカンでの一般謁見連続講話では、戦争によっていちばん弱り、破壊されるのは家庭だと述べ、戦争を「あらゆる貧困の母」と名づけました。「戦争が常に悲惨」なのは、「いのちや魂や、もっとも神聖で大切な愛情を略奪するものだから」と続けます。

悲惨な状況に屈せずに生き抜くことのできる貧困家庭もあるが、「だからといって、わたしたちの無関心さが正当化されてはならず、非常に多くの貧しさがあるという事実をわたしたちはもっと恥じるべきです。」

家庭を個人や共同体の「隅の親石」（大黒柱）と呼び、「家庭という隅の親石が取り去られるとしたら、すべてが倒壊します」と語ります。「現代の経済は、個人の充足感の享受を特別大事にし、そのために家庭のきずなに大きな犠牲を払わせることが往々にしてあります。これは大きな矛盾です。」「教会は貧困と闘うことにより、家庭の癒やしを助けるよう呼ばれていること、教会こそ『すべての隔ての壁、特に貧しい人々との間の壁』を打ち砕くことができる」と言います。

二〇一四年十一月の行事で教皇は、仕事と生活の中で結婚の真価を社会に示すようカトリック信者に強く促しています。再び結婚と家庭生活の危機に触れながら、大勢の若者が今「刹那的な文化」の中で育っていることにも問題があると主張しています。それは「ますます多くの人が、公的契約上の責任として結婚に簡単に見切りをつける」文化です。

「慣習や道徳の革命は、たびたび自由のみ旗を振りかざしましたが、現実は逆で、数えきれないほどの人間に、特にいちばん貧しい人たち、弱い人たちに、霊的にも物的にも荒廃をもたらしました」と、教皇は男女の相補性に関する神学的理解を深めるバチカンでの会議において述べています。その会議で、「結婚の文化の衰退と、女性や子どもや高齢者へ不均衡に強く悪影響を与えながら増大する貧困や他の多数の社会悪は関連している」ことには、社会学上の根拠があり、また、「この危機でもっとも苦しむのは、いつでも女性や子どもや高齢者だ」とも言っています。

これらは厳密には会議上の発言ですが、全カトリック信者に向けられているのかもしれません。教皇は結婚の大切さを社会にあかししてほしいのです。

「結婚についての真理を掲げることを皆さんに強くお勧めします」と教皇はバチカンの一団体に語りかけました。「その結婚の真理とは、一致、永遠に忠実を誓うこと、実り豊かな愛が、人間の心のもっとも深い望みに応えるものである、ということです。」「次のことを、特にわたしたちの未来を示す若い人たちが心に留めることを強く勧めます」と教皇は続けます。「道徳的に有害なかりそめの環境に浸らないように、自分自身に責任をもちなさい。むしろ、ありきたりのやり方に逆らって前進しながら、真理と永遠の愛を求める勇気ある革命家になりなさい。」

2,

「教会の喜び」である母親

教皇フランシスコは、母親たちが、非常に多くの面で社会を結びつける重大なきずなであると考えているのかもしれません。わたしたちが存在するようになった最初の瞬間から、母親たちはわたしたちに、どのようにして生き、成長し、神の民に少しずつ加わっていくかを伝えてくれます。

実際に、二〇一五年の世界広報の日のメッセージで、母親は子どもたちが生まれるずっと前から教える務めを始めている、と述べています。「家庭とコミュニケーションする――愛の賜物と出会う特別な場」という表題をつけて、教皇は「わたしたちを宿す子宮は、コミュニケーションの最初の『学校』である」と書きました。

「お互いにまだ顔は合わせていなくても非常に親密な関係にあるこの母と子の出会いは、期待に満ちていて、わたしたちの最初のコミュニケーション体験です。」「わたしたちは一人ひとりみな母親から生まれたので、それはわたしたちみなが共有している経験です。」

教皇は、母親たちがどうやって日頃から生き生きとした方法でわたしたちに影響を与えているかについても、しばしば話しています。一例を挙げると、二〇一四年九月十日の一般謁見で、ある母親の話を分かち合いました。この母親は、教皇がアルゼンチンのブエノスアイレス大司教だったときの知人です。

一人の男性が食べ物を分けてほしいと頼みにきたとき、その母親は三人の子どもたちと食事をしていました。しばらくじっと考えた末、子どもたちと母親は、その人に何かあげるべきだと決めました。そこでお母さんは言いました。「とってもいいことね。じゃあみんな、自分のお皿のおかずを半分さしあげましょう。」自分のステーキとフライドポテトを全部食べたかったので、子どもたちは「いやだよ、ママ。そんなの、こまる」と答えました。その母親は子どもたちに、与えるとは抽象的な概念ではなく、「自分の食べ物をあきらめるよう求められることだ」と教えたと、フランシスコは話の途中でコメントしています。

母親たちはわたしたちが成長するために欠かせない大事な方法で手助けしてくれるのに、家族のために、具体的に役立つ支援をしばしばほんのわずかしか受けていない、とも言っています。

二〇一五年一月七日の一般謁見演説では、母親たちのいない世界は、「非人間的な社会になるでしょう。……なぜなら、母親はいつも、最悪のときでさえ、優しさと献身と精神的な影響力をあかししているからです」と聴衆に向かって述べています。「母親は、身勝手な個人主義の蔓延にもっとも効く解毒剤です。」「母であるとは、子どもを世に産み出すという意味だけではなく、人生の選びでもあります。母親はどんな人生の選択をするのでしょうか。いのちを差し出すことを選びます。それは偉大ですばらしいことです。」

さらに、母親の務めを高く評価しないという問題は、社会だけでなく、教会の問題でもある、と語ります。「自分の子のため、また、たびたびよその子のためにも多くの犠牲を払う覚悟のある母親たち」は、教会からもっと評価してもらうべきだと主張しています。「母親がいなければ新しい信者は増えないでしょう。そのうえ、素朴で奥深いあたたかみのよさも信仰から失われるでしょう。」

あるときにフランシスコは、教会は母親のようにもっと行動すべきだと呼びかけています。二〇一四年十二月九日の説教で、「失われた羊を見つけに行く羊飼い」のイメージを説教の中心にしています。「遠くに行ってしまった兄弟姉妹たちを探しに出かける喜び、これは教会の喜びであり、こういうときこそ、教会は母としての恵みに満たされます」と述べています。「教会の喜びは生み出すことです。教会の喜びは、生み出すために自分から出ることです。教会の喜びは失われた羊を探しに行くことです。自らが羊飼いの優しさ、母の優しさそのものであることをあかししながら。」

3,

父親へ。子どものために「時間を無駄にしなさい」

教皇フランシスコは何度も父親の役割について率直に語りかけてきました。お父さんたちに助言したり、世界中の子どもたちの成長を支援する方法について懸念を示したりしながら話してきました。父親は子どもたちを愛し、ともに過ごし、よい模範となるべきだと、教皇は強調しています。とりわけ、「子どもの生活の場に不在ではいけない」と父親に言います。

二〇一五年の一般謁見で数回、父であることについて正面切って演説しました。同年三月イエスの養父聖ヨセフの祝日のときにも、父親たちに単刀直入に語りかけています。

一月の一般謁見演説で教皇は、現代の父親に一体感を抱きながら、まず父親の問題点に着目します。翌月の演説では、今までに出会ったすばらしい父親像のいくつかをいちばん目立つ部分にしました。

一月二十八日には、種々の否定的なことの中から、近頃の多くの父親は、仕事にかまけて子どもと時間を無駄にする時を作らず、子どもを孤児にしていると指摘しています。子どもたちは「家庭で独りぼっちです。父親が家にいないからです。殊に、家にいても父親らしく行動しないからです。子どもたちと話さず、教育する役目も果たさず、パンと同じくらい必要な、道理や価値観や人生のルールを、ことばも添えた模範によって教えることもしません。」

今日の状況を過去と比較しながらフランシスコは述べています。昔の父親はときどきあまりにも権威主義的で、子どもたちが自分の人生に責任をもてるように助けなかった、と。「よくあることですが、極端から極端へ走ってしまいました。今問題になっているのは、横柄な父親が多いことではなく、不在であったり、父親としての責任を放棄したりしていることです。父親はときどき自分のことや仕事や、個人的にやりたいことなどに夢中になって、家庭のことさえ忘れるのです。」

翌月四日には父親のよい面にもっと焦点を当てています。父親であることはたやすいことではなく、傷や痛みを克服して得る喜びのようなものだと言います。「それはあらゆる苦労を帳消しにする喜びです。その喜びはすべての誤解を解き、どんな傷も癒やす喜びです。」

まず必要なのは父親が家庭にいることだ、と述べた後、可能性を列挙しながら続けます。「子どもたちが遊ぶときも、努力するときも、気ままなときも、苦しみ悩むときも、自分の意見を言うときも、無口なときも、挑戦するときも、臆病なときも、道を一歩踏みはずすときも、正しい道を見いだすときも、父親が必ず家庭にいる」ことが必要です。

しかし教皇は父親たちに、罰が必要な子どもたちに対して弱腰や言いなりは禁物だと言いながら、子どもたちと対等になりすぎていると警告もしています。

その後、体罰の容認とも受け取れて悪評高くなった話ですが、ある父親の言ったことを引用しています。「自分の子を平手でちょっとたたかなければならないときもあります。でも、子どもたちに屈辱を与えないために、絶対に顔はたたきません。」その人は子どもたちが「前進」できる正しい方法で罰することで、彼らを尊重している、と言っています。

自分の子がお粗末な人生の選択をしたとわかっているのに、おそらくあまり力になってやれないことを知っている父親についても、教皇は語っています。子どもの立ち返りを待ちながら家の戸口に立っている父親には、威厳と優しさがある、と言っています。「そうです。父親は忍耐強くなければなりません。待つしかないことがしばしばあります。忍耐、優しさ、寛大さ、それにいつくしみをもって、祈り、待ちましょう。」

三月十九日の聖ヨセフの祝日に、両親は子どもたちの「知恵が増し、成長し、神と人とに愛された」（ルカによる福音書二章五十二節参照）ように手助けしなさいと、述べています。「皆さんにお願いします。あなたの子どもたちがそばにいる恵みをいただいてください。子どもたちを伸び伸びと成長させながらも、そばにいる恵みを。」

サンピエトロ広場に集まっている父親たちに言いました。「子どもたちはあなたを必要としています。あなたの存在が、あなたがそこにいてくれることが、あなたの愛が欠かせません。」

4, 祖父母は「記憶の宝庫」

教皇フランシスコがもっとも頻繁に語る家庭生活の側面の一つは、育児に祖父母も関わる必要性です。しばしば個人的で面白い話を世界中の群衆に向かって物語り、祖父母たちは子どもの成長に必要なユニークな洞察力を提供していると、教皇は述べています。また、多くの社会で高齢者は忘れられるか、あるいは不当な扱いさえ受けていると言いながら、「全世界の高齢者に対する配慮のなさをいつも残念に思っている」と。

二〇一三年十一月に行われた、バチカンの住まい、聖マルタの家でのミサ説教中に、フランシスコは祖父母たちの役割についてユーモラスな話をしてくれました。「ある家庭がどのように高齢者に接していたか、子どものときに聞いた話です。その家の祖父は、食卓でスープを上手に飲めずに顔もナプキンもすっかり汚してしまい、みっともない様になりました。そこで翌日、一家の主人は小さなテーブルを台所に置き、高齢の父親を食堂ではなく台所で一人食事をさせることにしました。数日後のことです。主人が帰宅すると、息子が木の板で遊んでいました。『何してるんだい』と聞くと、その子は『大工さんごっこだよ』と答えました。『何作ってるの』と尋ねると、男の子は言いました。『パパのテーブル。パパがおじいちゃんみたいに年取ったときの。』この話は生涯にわたって、わたしにとって非常に有益なものとなっています。」教皇はこのとき七十七歳でした。

「祖父母たちは宝物です。……ときどき老齢になると病気のせいで見た目が見苦しくなるのも本当です。けれども、わたしたちの祖父母の知恵は、受け入れるべき遺産です。祖父母を保護せず、敬わない人々には未来がありません。大切な記憶を失ったからです」と、同じミサで述べています。

もう少し現在に近い二〇一五年八月七日に教皇は、聖体青年運動のメンバーたちの集いで若い人たちに求めています。時代から「忘れ去られた偉大な人々」と自分が名づけた彼らの祖父母たちに、話しかけることを忘れないように、と。「祖父母たちには、いのちの記憶、信仰の記憶、敵対意識の記憶、戦争の記憶があります。」

他にも教皇は楽しいエピソードを思い出しています。サンピエトロ広場での ある一般謁見のとき、群衆の中に、見るからに老齢なのに目の輝いている女性を見かけたので、乗っていた一般謁見用の車を停めて、その老婦人のところに挨拶に行きました。その女性に年齢を聞き、九十二歳のその人に長寿の秘訣も尋ねてみたら、「自分で作ったラビオリ（パスタの一種）を食べています！」と冗談で返してくれました。「これは、祖父母たちにはいつも驚くべきことが見つかる、という逸話です。祖父母たちは常にわたしたちを驚かせます。わたしたちの言うことに耳を傾ける方法を心得ています。忍耐強いのです!」と、聖体青年運動の参加者約七千人の若者たちに語っています。

祖父母たちに対する気遣いについての教皇の個人的気質がうかがえる話を、二〇一五年六月北イタリアのトリノ訪問時にしました。トリノ近くの地域からアルゼンチンへ移住した人の子である教皇は、遠く離れて住んでいた親戚にその訪問中に会いに行きました。二十一日のミサ説教で、子どものときにイタリア人の祖母から教えてもらったイタリアの詩の一部を朗読しています。

同じ日にトリノの労働者階級の人たちとの会合で、フランシスコはその市との関わりを話しました。継続する世界規模の下降経済によって特に大打撃を受けた、グローバルな産業の中心地であるトリノとの関係についてです。地元の事業家の厳粛な声明に応えながら、教皇はその代表者たちに、子どもも祖父母も社会を再活性化する役割を担っていることを、記憶に留めておくよう依頼しました。「子どもたちは、前進できるという約束です。高齢者は記憶の宝庫です」とその会合に出席している群衆に向かって言います。「危機を乗り越えることはできません。わたしたちは、若者たち、子どもたち、女性たち、祖父母たち抜きで、危機から脱出することはできません。未来のため、また、どこを歩まねばならないかを示してくれる過去の記憶のために、何としてでもがんばりましょう。」

5, 子どもたち、「勇気を出して前進しよう」

教皇フランシスコの発したおそらくもっとも大きな警告は、地球上の暴力的紛争の数が今や第三次世界大戦の類を経験しているほどだ、ということです。第二次世界大戦までと異なり、今回は同時に多くの別々の地域で漸次戦っています。

教皇はバチカンで、また、全世界の諸都市訪問時にたびたびこれを警告してきました。しかし二〇一五年八月には、そのメッセージに新しい要素を加えました。若者たちには、こうした危険な紛争を防いだり終結させたりするための新しい方法を見つける義務もある、と言うのです。

八月七日バチカンでの聖体青年運動のメンバーたちとの台本なしの長い語らいで、毎日の生活や、もっと広範囲な地球規模の組織の中での争いや緊張の果たす役割について、フランシスコは集まった約七千人の若者たちと話しました。

「もし緊迫関係や対立がなかったら、社会、家族、友だちのグループはどうなるだろうと考えてみよう。どうなるか知っているかね」と若者たちに問いかけました。「墓場になる。いのちがないものにだけ緊張や争いがないのだから。生きていれば緊張や戦いがあって当然だ。」

「どうやって緊迫関係を解決するか？　対話によってだよ。家庭で考えていることを自発的に言えるなら、うまく解決できる。……緊張関係を恐れてはいけない。……でも、注意することも必要だ。君が緊張それ自体を好きになれば、そのせいで病気になり、いつも緊迫した状態でいるのが好きな、悪い意味で争いの多い若者になる。それはだめだ。緊張はわたしたちが調和に向かって歩むのを助けてくれる。」

インドネシアの青年が自国の紛争についてフランシスコに質問しました。「しっかりその問題に取り組むために、争いは一致へ方向づけないといけない。君の国のように多様な文化が存在する社会では、一致を探し求めなければならないが、それぞれの文化の独自性を尊重しての一致だ。紛争はアイデンティティーを尊重すれば解決する」と答えています。

二〇一五年三月十八日に、サンピエトロ広場での一般謁見演説で教皇は述

は泣ける力を失くしてしまったか」とも語っています。

この章の初めに紹介した若者たちとの謁見で、「世界にはたくさんの醜いことや戦争がありますが、たくさんのすばらしいこと、よいこともあります」と教皇は述べています。「神はおられます。神はおられます。前進する希望がもてる理由は山ほどあります。勇気を出して前進しましょう！」

6,「閉ざされた扉はどこにもない！」

フランシスコの教皇職を長く記憶にとどめるであろう教皇のいちばんよく

取り上げるテーマの一つは、まちがいなく、神の無限のあわれみといつくしみを重要視していることです。創造主のその特徴に特別な重点を置くために、教皇は二〇一五年十二月に特別聖年まで開催したほどです。この特別聖年は、教皇ヨハネ・パウロ二世がイエスの死と復活の一九五〇年間を記念して開催した一九八三年の特別聖年以来のことでした。

神のいつくしみと他者とのつながりについての話の中で、教会が神のいつくしみに倣う必要があることをフランシスコはしばしば語っています。二〇一五年から二〇一六年にかけての、いつくしみの特別聖年を公式宣言する大勅書『いつくしみのみ顔』(原題は〝Misericordiae Vultus〟。邦訳本は『イエス・キリスト、父のいつくしみのみ顔――いつくしみの特別聖年公布の大勅書』)に、「教会にとっても、教会の使信の信憑性にとっても、教会自体が御父のいつくしみを生き、あかしすることは決定的なことです」と書き、また「おそらくわたしたちは、いつくしみの道を示しながら、生きることを長い間忘れていました。常に正義だけを要求したいという誘惑が次のことを忘れさせました。正義が最初の一歩であり必要不可欠であるけれども、教会は、より高く、より意義ある目標に達するためにさらに進む必要がある」とも記しています。

また、「いつくしみ深くなるようにとの喜びに満ちた呼びかけに、もう一度教会が応えるときが来たのです」と述べました。フランシスコのあわれみといつくしみの強調は、世界中にいる、結婚生活を苦労して続けている人たちや、さらに別居や離婚を決めた人たちに対して言及した多くのことのうちに、もっとも明瞭に表れています。

結婚のきずなの不解消性や男女の生涯にわたる結びつきの真価に関する教会の教えを、教皇は再び強く明言する一方、離婚したり別れを決意したりした人たちに理解を示して、彼らを迎え入れるよう力強く呼びかけることもしています。

二〇一五年三月のある説教中にフランシスコは、自分も教会の一員だと思っている信者が、いったん教会共同体から離れて再び戻りたいという仲間に冷淡な態度をとった信者に向けて辛らつな問いかけをしています。「聖霊が行動に移させたために、もっとよい人になりたい、神の民のところへ戻りたいと望む人たちに対して、心の扉を閉ざすあなたたちは何様のつもりですか。教会はイエスの家です、そしてイエスは人々を迎えてくださいます。迎えるだけでなく、探しに行かれます。」

同じ年の八月の一般謁見演説でも教皇は、離婚して（教会外で）再婚したキリスト者たちにいつくしみ深い態度をとることを再要請しています。この人たちは「けっして破門されたのではありませんし、自分も教会共同体のメンバーであると感じさせてあげなければなりません」と言っています。

離婚して再婚したキリスト者たちを共同体から遠ざけておくことは、誰の益にもならないと教皇は主張しています。「もしこの新しく結ばれたきずなも、幼い子の目で見るなら、……このような状況で暮らす人たちをわたしたちの教会共同体が実際に受け入れるように進めていくことが、さらに急務であるとわかります。」

「もし破門された者のように、両親を教会共同体の生活から遠ざけたままにしておくならば、確固とした実践的な信仰の模範を示しながら、キリスト者としての生活を子どもたちに教えるために何でもするよう、どうしてわたしたちは両親に勧めることができるでしょうか」と教皇は問いかけています。「破門されたのではない」と繰り返します。「事実、この人たちは教会から破門されていません。破門ではありませんよ！　絶対にそのように接してはいけません。彼らはずっと教会の一員です。」

フランシスコは、別居や離婚をした人たちには、子どもたちに対して具体的で特別な義務があることも述べています。二〇一五年五月の一般謁見演説で、子どもたちの前で別れた相手の悪口をけっして言わないように強く説いています。「子どもたちは、この離別という重荷を背負う者ではありません。別れた配偶者の人質として利用してはいけません。」

教皇のもっとも力強く頻繁な勧告は、教会共同体が誰をも排除してはならないこと、特に離婚して再婚した人たちを締め出してはいけないことです。同年八月の一般謁見で、使徒的勧告『福音の喜び』から引用して、「教会は常に御父の開かれた家であるようにと呼びかけられていて、門を閉じてはならない」と集まった人々に述べています。「閉ざされた扉はどこにもありません！」と。

7，「イデオロギーの植民地化」に警戒しなさい

家庭生活に関する教皇フランシスコの発言の大半は、個人——個々のキリ

スト者や家族、あるいはカトリックの司祭や司教――に関するものです。ただし、家庭の危機について教皇は、広範な地域に向けてもっとも目立つ警鐘を鳴らしています。国力の優位な国が発展途上国に現在行っていることを教皇は「イデオロギーの植民地化」と呼び、広い地域に関心を向けています。

二〇一五年一月にフィリピン訪問から帰る途中の機内で、同行記者団にイデオロギーの植民地化の概念を説明するために、フランシスコはある話を詳述しました。貧しい人のための新しい学校の建設資金提供を受けた、知人である公の教育担当大臣の話です。「資金を受け取るためにその大臣は、『ジェンダー理論』とでも言うべき理論を教える教科書を、生徒に使わせることに同意しなければなりませんでした。……これはイデオロギー上での植民地主義です。国民の気質もしくは国家体制を変化させる、ないしはその変化を望ませるねらいで、その国を植民地にするものです。」

フランシスコは、フィリピンのマニラでの家族たちとの集いで、まずこのイデオロギーの植民地化について言及しました。前記した特別機上での記者会見の数日前のことです。生まれたばかりのイエスを脅かす危険を、夢で告げられた聖ヨセフの物語について観想した後のことです。「いろいろな脅威にさらされている家庭を守る必要があります。……家庭のアイデンティティーや使命を侵害する新しいイデオロギーの植民地主義からも、家庭を擁護する必要があります。」

フィリピンや故国アルゼンチンの歴史上の植民地化に遠まわしに触れながら、話を続けます。「一国の民族が植民地支配に対してノーと言えたように、同じく家庭も、非常に賢明に、しっかり勇気を出して、家庭を壊しかねないこうした新しい植民地化の主導権に対して、ノーと言わなければなりません。」それから教皇は、このような植民地化に対して、「いつイエス、いつノーと言えばよいかを知るために」聖ヨセフに祈ることを家族たちに勧めました。

数日後の記者会見で、二十世紀の独裁国家をまねた特権を要求することもあると言って、経済的に豊かな国々による発展途上国への資金援助方法について鋭く批判しています。イデオロギーの植民地化のプロセスは、現代では目新しくなく、「前世紀の独裁者たちのしたことと同じで、自分たちの政策を携えてやってきました。――全国バリッラ事業団（イタリアのファシズム政権の青少年組織）のことを思い出してください。ヒトラー・ユーゲント（ドイツのナチス党の青少年組織）のことを思い浮かべてください。……彼らは植民地支配者のように国民を統治しました。どれほど苦しんだことでしょう。

民族は自由を失ってはなりません。どの民族にも自分の文化があります。けれども強大な植民地支配者は、条件づきの援助で民族のアイデンティティーを失わせたり、他と同じようなものにしようとしたりします。」

「イデオロギーの植民地化」の概念をさらに明確にしながらフランシスコは、二〇一四年のシノドス（世界代表司教会議）のときにアフリカの司教たちから聞いた、その問題についての懸念も、上記の記者会見で語りました。司教たちは、のどから手が出るほどほしい資金援助に一定の条件がついてくる場合、しばしばむずかしい選択を迫られると教皇に訴えたのです。

「わたしは直接経験したことを話しているのです」と教皇は述べ、この植民地化と、ひんぱんに自分が批判しているグローバル化の過程とを比較して言います。民族の同一化は「自らの領域を地球規模に広げることであり、その領域ではすべての場所が中心から等距離にあります。……真の地球規模にすることは大切ですが、独占領域のようにではなく、むしろ多面体のようにするのです。すなわち、すべての民族、すべての地域がイデオロギーの面で植民地化されずに自分の独自性を保つことが重要なのです。」

フィリピンからローマにもどるとすぐ、フランシスコは二〇一五年一月二十一日の一般謁見演説で再びこの新しいタイプの植民地化に触れました。「大家族や生まれる子の数が多いことが貧困の原因だという人がいた」と教皇は言っています。しかし、貧困の実際の主な原因は、「人ではなく、お金という神を中心に据える経済システムだと言えます。子だくさんを貧困の原因とするのは単純すぎる主張だ」とフランシスコ教皇は批判しました。それよりも問題は、人を排除する力があり、わたしたちのまわりの「使い捨て文化」を生み出す経済システムだと。これが「貧困の主な理由です。大家族のせいではありません」と言いました。

8,「責任ある親であること」

教皇フランシスコがもっとも議論を呼び、地球規模でメディアの注目を集めている問題の一つは、カトリック信者が子どもを生むかどうかをどのように決めるべきかについて、ときどきするコメントにあります。

即席の有名な発言で教皇は、教会の教えによって、カトリック信者があたかも動物王国の一員であるかのように子どもを産み続けるよう義務づけられている、というまちがった考え方の人が世界にいることを取り上げています。しかし、大体のところフランシスコは、今までの教皇たちの出産、生殖に関する教えを再確認しています。人工的な産児制限の手段を用いることを禁じた教皇パウロ六世の回勅『フマーネ・ヴィテ』を特に引用しています。パウロ六世のもう一つの教え、責任ある親である必要性についても強調しています。

たとえば、フランシスコは二〇一五年一月フィリピンからローマへ戻る機内で、パウロ六世について同行記者団に語っています。パウロ六世は「新マルサス主義」に対して注意を呼びかけていたと。この新マルサス主義は、一九六〇年代から一九七〇年代にかけて提唱された理論で、世界規模の急激な人口増加は回復不能な世界的食糧危機という結果につながるであろう、というものです。具体的にイタリアやスペインの出生率の低下を挙げ、新マルサス主義は「人類統制を追求している」と述べました。

しかし同時に、家族計画をする責任をもってはどうかと親たちに提案します。「新マルサス主義がこうだから、カトリック信者は次から次に子どもをもうけねばならないのではありません」と言いながら。

それから、ある小教区で出会った、七人の子どもを帝王切開で出産して八人目を妊娠中の女性の話をしました。「七人の子どもたちを放り出してしまいたくなりませんか」とフランシスコはその女性に聞きました。この産み方は神を試みること、無責任だと述べています。カトリック信者は「責任ある親」をほめなければならない、とも語っています。これについてどうしたらよいでしょうか。対話するのです。各人は司牧者とともにこの責任ある親としての務めをどう果たせばよいかを探し求めるのです。責任のとれる方法を神様は与えてくださっています。よいカトリック信者であるためにうさぎのよう——失礼な言い方をゆるしてください——にならなければと確信している人もいます。いいえ、それはまちがっています。

「これには議論の余地がありません。このために教会には既婚者のグループがあり、この分野の専門家がおり、司牧者がいます。」教会法に適った実践を指すことばを用いながら、フランシスコは続けます。「この助けとなる非常に多くの合法の解決法をわたしは知っています。」

二〇一五年二月と三月のバチカンでの一般謁見演説において、教皇専用機内から発した自分の意見をもう少しはっきりと説明しました。二月の演説のときには子どもをもたないことを選んだ夫婦は利己的であると言い、三月のときには出生率の低い社会は「悲しく陰気」と述べています。

二月十一日に教皇はこう言っています。「子どもをもたないことは利己的な選択です。子どもが生まれれば、いのちは若返り、たくさんのエネルギーがもたらされます。豊かになるのであって、貧しくなりません。」「子どもたちに囲まれて過ごすのが嫌な世代、子どもを主として面倒でやっかいなリスクとみなす世代がいる社会は、憂うつな社会です。……福者教皇パウロ六世（現在は聖パウロ六世教皇）の回勅『フマーネ・ヴィテ』が教導したように、子どもをもうけることに責任をもたねばなりません。しかし、子どもをたくさん産むことは、自動的に無責任な選択となりません。」

三月の演説においてフランシスコは、「子どもは心配をかけたり、何度も問題を起こします。しかし、こうしたことのある社会の方が、子どもがいないために悲しく陰気な社会よりも、もっとよいものです」と言っています。一パーセント未満の出生率の社会について一般的に触れた後、教皇はこう続けます。「このような社会は悲しく陰気だといえます。子どもがいない状態だからです。」

大人は子どもから多くのこと、感情の表現方法から共同体の一員として自分を見る方法まで、いろいろ学ぶことがあると、フランシスコは言います。「子ども自体が人類だけでなく教会にとっても富です。神の国に入るために必要な条件を、絶えずわたしたちに思い起こさせてくれるからです。その条件とは、自己充足はできない、助けと愛とゆるしが自分には必要だと思うことです。」「わたしたちはみな、助けと愛とゆるしを必要としています。」子どもたちのいない人生は「悲しくて陰気」ですが、子どもたちは「いのちや快活さや希望をもたらします。やっかいなこともありますが、人生はそんなものです」と言って話を結びました。

9, 「あわれみといつくしみのとき」

おそらく他のどんな理由にもまさって、教皇フランシスコが二〇一四年および二〇一五年に二つの世界規模の司教会議を招集したのは次の理由からです。それは、世界中の家庭とともにその喜びのときも苦しい戦いのときも旅することを教会が望んでいると、全世界の家庭に示したかったからです。

実際に二〇一五年十月四日から二十五日までの世界代表司教会議（シノドス）第十四回通常総会の間になされた重要な演説で教皇は、常にすべての人が——信徒も司教団もローマの司教（教皇）も——ともに歩んでいる教会に向かって呼びかけました。「シノドス（元来の意味は、『ともに歩む』）の旅路は、神がご自分の三千年期の教会に望んでおられるものです。」これらは、バチカンで行った、教皇パウロ六世により設立されたシノドスの五十周年記念式典中のことばです。

「シノドスを行う教会は傾聴する教会であり、聴くことは単に耳で聴く以上のことだと知っている教会です。各人それぞれ学ぶものがあり、相互に聴き合うのです。」「わたしたちはこの道を歩み続けねばなりません。愛と奉仕を行うようわたしたちが呼ばれて今暮らしている世界は、矛盾を抱えていても使命のすべての分野で協力を強化していくことを、教会に求めています。」

　以上は、約二百七十名の司教が「教会と現代世界における家庭の召命と使命」というテーマの下で二〇一五年のシノドスにおいて、家庭の直面している幅広い諸問題について討議していた期間中のフランシスコの演説です。

　二〇一五年のシノドスは、前年十月のシノドス第三回臨時総会に続くもので、世界の司教たちによる、前回と似たテーマで三週間に及んだ、非常に疲れる、ときには論争にもなった討議でした。最後にフランシスコの指導の下、司教たちは全世界の家庭に寄り添うことに焦点を当てた非常に長い報告書を承認しました。

　その最終報告書は、シノドスから教皇に教皇専用として提出されました。おそらく、将来教皇の使徒的勧告作成の助けとなるものです。（二〇一六年三月十九日付で、結婚と家庭についての使徒的勧告〝Amoris Laetitia〟を発表。邦訳本は『愛のよろこび』）教会が家庭に寄り添う範囲は、離婚して再婚した人たちにさえ及び、その人たちへの教会の措置緩和の勧めも含みます。

彼らは、最初の結婚が無効とされなければ、教会の教えによって聖体拝領を禁じられているが、司祭の指導も受けながら自己の霊的生活について個々に決定を識別すべきだと、文書は述べています。いわゆる「内的法廷」の利用を提案しながら、離婚して再婚したカトリック信徒たちが「神のみ前で自己の置かれた状況を認識するようになり」、その後どう進むべきかを決定することを、司祭たちは助けることができると、その文書にはあります。カトリックの教えでは、彼らに対する教会の統治機構による審判は、内的法廷あるいは外的法廷で行うことができることになっています。内的法廷とは良心の法廷のことで、公式資格あるいは他のどんな種類の公の資格もない一司祭との、個人的なカウンセリングで決定するものです。

十月二十五日、聖ペトロ大聖堂でのミサにおいて、シノドス第十四回通常総会を公式に閉会しながら、フランシスコは再び人々の苦悩を心に留め、生きる場で人々を助ける教会を思い巡らしました。

その日の福音箇所を熟考させる説教中に意見を述べています。当日の福音は、イエスがエルサレムへの旅の途中で出会ったバルティマイという名の盲人の目を見えるようにする箇所でした。「エルサレムへ向かうもっとも重要な旅を始めてまもなくのことでしたが、イエスはバルティマイの叫びに応えて立ち止まられます。その求めに感動され、身の上に関わられます。施しをする程度で満足されず、人としての出会いを望まれます。……イエスはわたしたちの必要を聞きたいという望みを示されます。一人ひとりと生活や現状について一対一でお聞きになりたいのです。何も隠し立てしてほしくないからです。」

それから、イエスに従う者たちが出会う誘惑について述べています。「イエスが立ち止まられたように、弟子の誰一人しませんでした。バルティマイが盲人なら、弟子たちは聾者です。その人の問題は弟子には他人事なのです。常に問題を抱えているのに、煩わされずに前進するのがよいと思うことは、わたしたちにとって危険なものになりえます。こうなると弟子たち同様、イエスとともにいるのに、イエスのように考えなくなります。イエスの群れの一員ですが、心の扉を閉ざし、すばらしいことへの驚き、感謝や熱心さを失って、『恵みはあって当たり前』になる危険に陥ります。イエスについて語ったり、イエスのために働いたりできるのに、傷ついた人のために手を差し伸べておられるイエスのみ心から遠いところに生きています。」

「これは『幻の霊性』という誘惑です。この霊性を生きるとき、現実にあるものを見ないで、むしろ見たいものだけを見ながら、人類の荒れ野を超越して歩くことができます。世界の未来像を築けるのに、主がわたしたちの目の前に置いてくださるものを受け入れません。人々の生活に根を下ろせない信仰は不毛のまま、オアシスではなく別の砂漠を作ります。」

キリスト教信者は、イエスがバルティマイになさったように行動することを求められていると、フランシスコは述べました。「イエスの弟子たちは今も、特に今こそ、救いをもたらす慈悲深い神のいつくしみを込めた触れ合いを人に差し出すよう呼びかけられています。バルティマイのように人類の叫びがもっと激しくなれば、イエスのことばをわたしたちのものにし、何よりもみ心に倣うほか、できることはありません。」

「苦しみや争いのあるときは、神にとってあわれみといつくしみを示すよい機会です。今日こそあわれみといつくしみのときなのです！」

10, 「涙で清められた目」

教皇フランシスコの役務を間近から追っていた者たちが、もっとも心を痛め、悲痛な思いを二度するときが、二〇一五年一月にやってきました。教皇がフィリピンで若者たちのグループと台風を生き延びた人たちとに語りかけたときのことです。彼らは、教皇がわたしたちに知ってほしい重要なことを際立たせました。それは、わたしたちの中で一番知恵のある者でさえ、ときには、非常に多くの家庭が味わった苦しみを前にして、ことばをなくしたまま去ることになるということです。

ごみ箱から食べ物をあさり、ダンボールの寝床の上に外で寝ることを余儀なくされてきた生い立ちを、涙ぐんで順々に話しながら、十二歳のグリゼル・パロマールは、単純ながらも深遠な質問をフランシスコにしました。「どうして神様は、わたしたちにこんなことが起きるままになさったのですか。」泣きじゃくった顔を手でぬぐいながら、フィリピンの少女は教皇にそう尋ねました。

マニラの舞台の上、若者たちと教皇との出会いの場において、およそ三万人の若者を前にして発したグリゼルの真剣な問いは、はた目にもわかるほど教皇を感動させました。直接その子に答えるために、用意しておいた原稿を脇に置いて、フランシスコは苦しみや愛や奉仕の本質について四十分間思い巡らす中で、「あなたの質問のいちばん大事な点には、ほとんど答えが見つかりません」と、まず言いました。少女の涙を見たことに触れたとき、その顔にははっきりと苦痛が表れていました。「あなたの話に泣けるときだけ、わたしたちもその質問に大胆に答えられるようになるでしょう。」さらに、「どうして子どもたちは苦しんだのでしょう。なぜ子どもたちは苦しんでいるのでしょうか。わたしたちは涙で清められた目を通してのみ、人生のいくつかの現実を見るのです」と言いました。

数万人もの若者に呼びかけながら語り続けます。「君たち一人ひとりに自問自答するよう勧めます。『わたしは身につけただろうか。涙の流し方を、泣き方を。飢えた子を見るとき、通りで薬物を使用する子を、ホームレスの子を、捨てられた子を、虐待された子を、社会に奴隷として働かされている子を見るときに』と。」

「今日この人が見せてくれたように、泣き方を学びましょう。教えてもらったことを忘れないようにしましょう。なぜ非常に多くの子どもたちが苦しんでいるのかという質問を、です。女の子は泣くことでこの質問をしました。今日わたしたちみなにできる最大の答えは、どのような涙を流すかを実際に学ぶことです。

教皇は前日タクロバンへ行ったとき、自分も同じような問いのある状態になったことに気づきました。そこは二〇一三年の台風の影響がフィリピン最大で、何千人もの死者を出し、何百万もの人が家を失った地域です。

そのハイエン台風（台風30号）の被害をもっとも受けた人々を支援するため、激しい雨や秒速二十七メートルの暴風をものともせず、約百万人と祝うミサで教皇は、この人々に向けた心からの印象的な説教を行いました。「あなたがたに何と言ったらいいのかわかりません」と、一目教皇の姿を見るために何時間も雨の中に立っていた会衆に向かって言いました。「あなたがたの多くは、家族を亡くしました。わたしができるのは沈黙を続けることだけです。それに、静かな心であなたがた全員とともに歩むことだけです。」

タクロバンの建物の九割は全壊しました。史上最大級の台風の一つであるハイエン台風は、フィリピン全体で六千人以上の死者を出し、二十万ドル以上の損失を与えました。また、二百万ほどの人が家を失い、四百万以上の人が避難したのです。

タクロバンでのミサに参加した人々に、教皇は、ローマからその台風の映像を見たときのことを語りました。「わたしはここに来なければならないと感じました」と。「あなたがたとともにいるために、わたしはここにいたいと思いました。多少遅れましたけれども、『わたしはここにいますよ』と言わずにはいられません。」その出来事のせいで大変苦しんだ人々の苦痛をあらわにしながら、フランシスコは言いました。「タクロバンに来たのは、あなたがたに、『イエスは主である』と告げるため、またイエスはけっしてあなたがたを失望させないことを知らせるためです。」

「あなたがたはわたしにこう言うかもしれません。『教皇様、わたしは希望を失いました。なぜなら、家を失くし、家族を亡くし、財産を失い、病気にかかっているからです』と。そうおっしゃるなら、そのとおりなのでしょう。また、そうした気持ちをわたしは尊重します。しかしわたしは、十字架に釘づけられたところにおられるイエスを見ています。イエスはそこからわたしたちの希望を失わせはしません。」

「……わたしたちには、人生のもっとも困難なときにも、ともに泣くことのおできになる主がいてくださるのです。ともに歩むことがおできになる主が」と語りかけました。「しばらくごいっしょに沈黙しましょう。主を見つめましょう。主はわたしたちのことをわかってくださいます。このようなことすべてを経験されたからです。」

本書に登場するローマ教皇の在位期間

フランシスコ　　　　（二〇一三年三月十三日～）
ベネディクト十六世　（二〇〇五年四月十九日～二〇一三年二月二十八日）
ヨハネ・パウロ二世　（一九七八年十月十六日～二〇〇五年四月二日）☆
パウロ六世　　　　　（一九六三年六月二十一日～一九七八年八月六日）☆

☆印は聖人。二〇一九年五月現在。

著者紹介

ジョシュア・マケルウィー

アメリカ合衆国の『ナショナル・カトリック・レポーター』紙の特派員であり、インターネット・メディア「バチカン・インサイダー」の寄稿者。多くのレポートや特集記事が、アメリカ合衆国のカトリック・プレス・アソシエーションや他の団体より賞を授与されている。日々教皇フランシスコを報道しているローマでそれらを執筆。

教皇フランシスコが
家庭について あなたに知ってほしい 10のこと

著　者　　ジョシュア・マケルウィー
訳　　　　女子パウロ会

ブックデザイン　佐藤 克裕

発行所　　女子パウロ会

代　表　　松岡 陽子
〒107-0052　東京都港区赤坂8-12-42
Tel.(03)3479-3943　Fax.(03)3479-3944
Webサイト http://www.pauline.or.jp

印刷所　　図書印刷株式会社
初版発行　2019年10月10日

ISBN 978-4-7896-0809-1　C0016 NDC194

新刊紹介

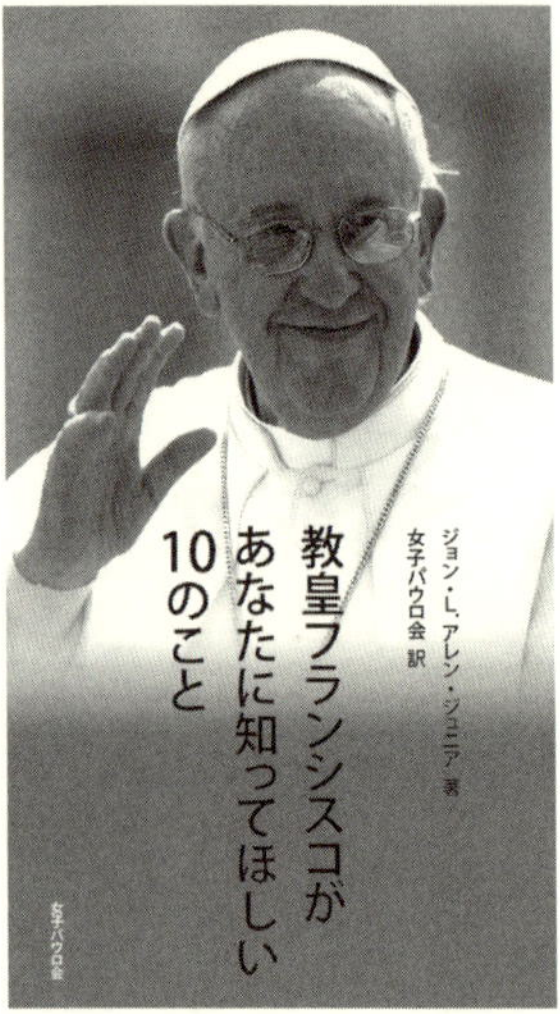

教皇フランシスコが あなたに知ってほしい10のこと

ジョン・L.アレン・ジュニア 著
女子パウロ会 訳

教皇フランシスコは、メディアと民衆の心に強い印象を与えました。教皇のビジョンや価値観やあなたへのメッセージ……。10の要点から教皇フランシスコを知りましょう。

600円+税　0808-4　女子パウロ会